अ

अनार

आ

आम

इ

इडली

ई

ईख

उ

उपहार

ऊ

ऊन

ऋ

ऋषि

ए

एलबम

ऐ

ऐनक

ओ

ओखली

औ

औरत

अं

अंगूर

अः

क

कबूतर

ख

खरगोश

ग

गमला

घ

घड़ी

ङ

च

चम्मच

छ

छतरी

ज

जग

झ

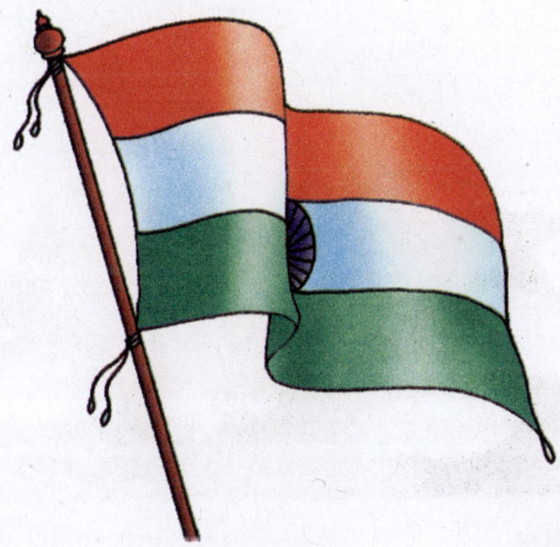

झंडा

अ

ट

टब

ठ

ठंडा

ड

डोसा

ढ

ढक्कन

ण

त

तकिया

थ

थरमस

द

दवात

ध

धागा

न

नल

प

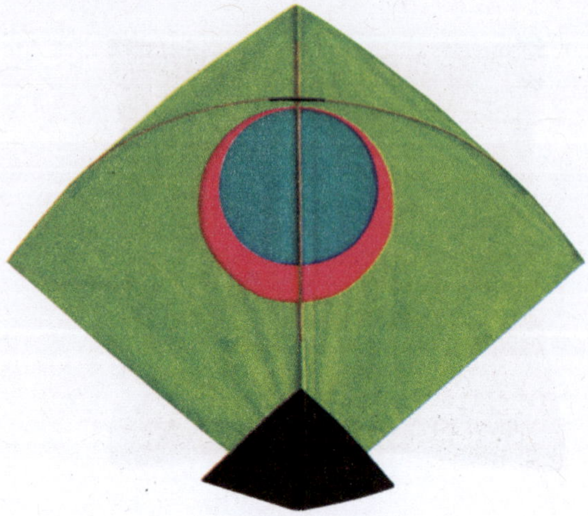

पतंग

फ

फल

ब

बच्चा

भ

भालू

म

मछली

य

योग

र

रस

ल

लट्टू

व

वस्त्र

श

शहद

ष

षट्कोण

स

समोसा

ह

हाथी

क्ष

श्रमिक

त्र

त्रिशूल

ज्ञ

ज्ञानी

श्र

श्रमिक